CW00504102

COMMENT DEVENIR

1ᵉʳ

A L'ECOLE

Le petit guide simple de la réussite à l'école

Alexandre Breyo

© www.amazonafrique.blogspot.com

LE SOMMAIRE

POURQUOI CE GUIDE DU SUCCES A L'ECOLE ?

« Le hasard n'existe pas et le talent ne suffit pas pour réussir » Emmet Fox

Un constat est clair presque partout dans le monde entier : on met les enfants à l'école sans guide pratique, et chaque bambin est obligé de se débrouiller seul comme il peut durant toutes ses études.

A part les quelques vagues conseils d'usages habituels prodigués à chaque rentrée scolaire comme un rituel : « travaille bien en classe », « étudie bien tes leçons », « soit 1er de ta classe » …Rien de plus !

Quand on achète un nouveau produit, il est toujours livré avec son mode d'emploi qui est d'une grande aide pour l'utilisateur ignorant.

Aujourd'hui grâce à internet on peut voir partout des guides pratiques de ceci ou de cela très utile à tout un chacun.

Aller à l'école est vraiment une activité qui nécessite un guide pour accompagner tout élève, étudiant, ou personne dès la rentrée. Et pourquoi pas en faire un cours spécial dans les institutions scolaires ?

Ainsi est né l'idée de ce petit guide simple dont l'essence est issue de ma propre expérience, et qui dès la classe des cours moyens m'a permis de glaner des lauriers jusqu'à être le majeur de ma promotion au baccalauréat et entrer sans difficulté en faculté de médecine.

PREFACE

La plupart des élèves vont à l'école sans vraiment connaître comment faire pour réussir leurs études. C'est comme demander à quelqu'un d'aller fabriquer une chaise sans lui montrer comment on utilise la scie et le rabot.

Et dans tout ça, ils ne trouvent presque personne pour leur expliquer comment ils doivent s'organiser pour connaître vraiment le succès. Et tout le monde se plaint qu'il y a trop d'échecs scolaires.

Réussir à l'école ne dépend ni de l'argent, ni des écoles que vous fréquentez, ni de la chance, ni même de votre intelligence…

Réussir à l'école dépend essentiellement de votre manière d'étudier et de votre organisation personnelle.

Il y a beaucoup à dire sur l'école elle-même dont les programmes demandent une adaptation à la réalité de chaque époque.

Mais pour le moment, c'est une nécessité et il est important d'aider les uns et les autres à y faire son chemin et réussir.

Grâce à ce petit livret simple et pratique, il vous sera révélé les clés de la réussite à l'école, fruits résumés de l'expérience des plus grands connaisseurs en la matière.

A vous de les mettre tout simplement en œuvre et de connaître vous aussi les joies de la réussite à l'école et même dans la vie. Car l'école ne s'arrête pas à la porte des établissements scolaires. L'école c'est la vie.

S'organiser pour réussir à l'école c'est s'organiser pour réussir dans la vie.

Jean de Dieu-enseignant

AVERTISSEMENT

Ce petit livret se veut pratique et non théorique d'où sa simplicité.

Il est destiné à tous les écoliers, étudiants et quiconque désire vraiment réussir ses études, et même pourquoi pas dans sa vie en général. Les parents pourront l'utiliser pour inculquer la discipline scolaire à leurs enfants.

Il est écrit pour tous ceux qui n'ont jamais appris le comment faire et s'organiser efficacement pour réussir et avoir des résultats concrets dans n'importe quelle école ou activité.

Chaque écolier, collégien, lycéen, étudiant, ou personne qui suivra exactement et sincèrement ces conseils pratiques obtiendra à coup sûr une réussite certaine.

Cependant, aucune méthode si efficace soit-elle n'est infaillible car dépendante de la personnalité et de la sincérité de chacun à faire œuvre utile de ce qu'il apprend pour sa propre réussite.

C'est pourquoi l'efficacité de ces conseils ne saurait être remis en cause par une mauvaise appréciation de quiconque car ils ont été conçus et éprouvés pour une réussite certaine.

Leçon 1

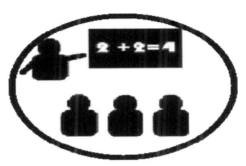

REUSSIR EST UNE SCIENCE EXACTE

« La réalité pousse toujours à l'ombre d'un grand rêve » Jérôme Carlos

Il y a une façon de faire pour réussir, et cette façon de faire est une science exacte.

Quiconque met en pratique cette façon de faire connait la réussite comme en mathématique deux plus deux font quatre.

Il est faux de dire qu'on peut réussir simplement en travaillant dur, en ayant des talents, ou en ayant beaucoup de moyens ou d'argents à sa disposition.

Beaucoup de gens travaillent durs, ont beaucoup de talents, et beaucoup de moyens et d'argents à leur disposition, et pourtant ne connaissent pas la réussite.

Il est également faux de croire que la réussite dépend du quartier, de la ville, ou du pays où on vit.

Beaucoup de gens vivent dans des quartiers les plus huppés, dans des villes les plus prospères, et dans les pays les plus développés, mais ont du mal à connaitre la réussite.

Force est de reconnaitre que réussir est le résultat d'une certaine façon de faire et de s'organiser, sinon de penser réussite.

Tous ceux qui font les choses et s'organisent de cette façon, consciemment ou inconsciemment, arrivent au succès.

Par contre, tous ceux qui ne font pas les choses et ne s'organisent pas de cette façon ne connaissent pas le succès.

Souvenez-vous en pour toujours car c'est une loi naturelle : les mêmes causes produisent toujours les mêmes effets.

C'est pourquoi faire les choses et s'organiser de cette façon particulière vous conduira infailliblement à une réussite certaine car cela fonctionne toujours, partout pour tous sans exception !

Leçon 2

SACHEZ POURQUOI VOUS ALLEZ A l'ÉCOLE

« Vous devez penser de toute façon, alors pourquoi ne pas penser grand ? » Donald Trump

Tout le monde doit aller à l'école pour apprendre. Les gens vont à l'école sans vraiment savoir pourquoi. Ils répondent souvent que c'est pour apprendre à lire et à écrire, ou bien c'est pour obtenir des diplômes afin d'espérer avoir un boulot plus tard ou tout simplement c'est pour s'instruire...

En suivant ce raisonnement, vous pouvez constater que l'école d'aujourd'hui ne répond vraiment pas à toutes ses préoccupations légitimes.

C'est vrai qu'on y apprend à lire et à écrire, mais les diplômes ne garantissent plus le travail à la fin des études et depuis l'avènement de l'Internet, l'instruction est ouverte à tout monde sans exception.

Cessez donc d'aller à l'école pour faire plaisir aux parents. Évitez dès à présent de dire mal de l'école qui malgré tout demeure incontournable dans toute société.

Acceptez désormais d'aller à l'école, non seulement pour apprendre à lire et écrire, avoir des diplômes, s'instruire, mais surtout pour apprendre à penser l'esprit ouvert sur le monde.

C'est-à-dire, apprendre à bien penser l'esprit ouvert à tout, pour espérer faire et avoir tout ce que vous voulez de la vie. Tel est le secret de la vraie réussite.

Trois questions magiques pour préciser pourquoi vous allez à l'école

Posez-vous ces trois questions et répondez-y sans tricher : que vais-je devenir à cours, moyen et long terme en suivant mes études ?

En exemple voici les réponses que je me suis données en classe de terminal : à court terme, je veux être premier de ma classe ; A moyen terme, je veux avoir mon bac et être orienté en faculté de médecine ; A long terme, je voudrais être médecin.

Et cela fut ainsi même si je ne suis plus devenu médecin par la suite pour des raisons personnelles.

Se poser ces questions est essentiel pour donner une orientation réelle à vos études.

Leçon 3

DECIDEZ D'ÊTRE PARMIS LES MEILLEURS

« Le succès ne vient pas à vous, vous allez au succès. » Marva Collins

Le succès appartient toujours à ceux qui cherchent à être les meilleurs. Être meilleur n'est pas forcement être premier. Être meilleur signifie tout simplement cherchez à bien faire son travail quel qu'il soit.

L'école classique à de tout temps diffuser l'esprit de compétition. Ce qui n'est pas un comportement naturel.

Il faut changer de mentalité et savoir que dans la nature toutes les choses sont uniques et se complètent. Il ne sert à rien de se comparer aux autres et de vouloir les concurrencer pour être le premier.

Cherchez à être meilleur vous évitera l'esprit de compétition tout en mettant en valeur le meilleur que vous avez en vous-même en faisant bien votre travail au service des autres.

De plus le faite de chercher à être meilleur va vous permettre de dégager des énergies qui vont vous amener obligatoirement à vous surpasser pour votre réussite.

Tant que vous ne déciderez pas dès le départ d'être parmi les meilleurs, vous n'aurez pas la motivation réelle pour mener à bien vos études et connaître la réussite.

Alors visez le meilleur et vous serez parmi les meilleurs.

Leçon 4

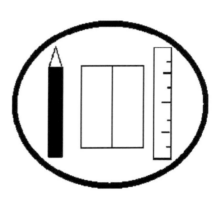

AYEZ TOUS VOS OUTILS AU COMPLET

« Un voyage de mille kilomètres commence par un pas. » Lao-Tseu

L'ouvrier sans ses outils de travail, quel que soit sa bonne volonté ne peut rien faire uniquement de ses deux mains.

Le maçon a besoin de sa pelle et de sa truelle pour construire une maison, tout comme le menuisier a

20

besoin de son rabot et de sa scie pour fabriquer une table.

L'élève a besoin de tous ses livres, cahiers, stylos et autres matériels pour mieux apprendre et connaître la réussite.

Achetez Vos Fournitures tôt

Dès la rentrée vous devez pouvoir avoir à votre disposition la liste de vos fournitures fournies par l'école ou les enseignants le plus tôt possible.

C'est le rôle des parents que de trouver et d'acheter très rapidement ce matériel sans quoi aucun élève ne peut aller à l'école convenablement surtout si celui-ci est en classe d'examen.

Prenez Grand Soin de Votre Matériel de Travail

Vous devez veillez à ce que vos fournitures soient bien entretenues et toujours à portée de main.

Vous devez prendre soin de les ranger dans un endroit propice soit sur votre table d'étude personnelle ou dans votre petite bibliothèque.

Le Carnet de Note, un Outil Incontournable à Avoir Absolument

Les élèves ont oublié l'utilité du carnet de note, ou du cahier de texte, et ne l'utilise même pas par faute de ne pas connaître son importance capitale sur le chemin de leur réussite.

Le petit carnet de note, comme son nom l'indique bien, doit vous permettre de noter , de façon datée au jour le jour, tout ce que vous avez à faire, ce que vous avez fait et toutes sortes d'informations indispensables à votre apprentissage.

C'est à la fois un agenda, un journal de bord et un aide-mémoire que vous devez porter sur vous partout où vous serez. D'où son importance capitale parmi tous vos outils de travail.

Leçon 5

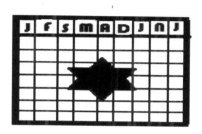

FAITES VOTRE EMPLOI DU TEMPS PERSONNEL

« Ce que d'autres ont réussi on peut toujours le réussir. » Antoine de Saint Exupéry

Votre emploi du temps et votre carnet de note, voilà les deux outils incontournables de votre organisation vers la réussite.

Vous devez arriver à établir votre emploi du temps personnel 24 heures sur 24, sept jours sur sept.

Pour cela, vous devez vous servir de l'emploi du temps de l'école qui lui occupe seulement huit heures par jour, cinq jours sur sept.

Apprenez à Gérer Votre Temps efficacement

Plus que le carnet de note, votre emploi du temps personnel est de loin l'outil le plus essentiel de votre succès dans vos études.

Il vous permettra de savoir quoi faire à tout moment et de ne pas perdre votre temps inutilement à chercher ailleurs.

Respectez Scrupuleusement Votre emploi du Temps Personnel

Tout comme votre carnet de note vous devez avoir sur vous votre emploi du temps personnel et le consulter pour savoir à chaque moment quelle matière il vous faut étudier.

Pour des raisons quelconques il peut vous arriver de sauter certaines heures qu'il vous faut rattraper ultérieurement.

C'est seulement ainsi que vous apprendrez à gérer convenablement votre temps et connaître infailliblement le succès tout en alliant les études, les loisirs et pourquoi pas d'autres occupations en dehors de l'école.

Mettez à Profit Vos Temps de Loisirs

Prévoyez dans votre emploi du temps personnel des heures pour d'autres activités en dehors des heures de cours.

Vous devez et c'est très conseillé d'avoir des occupations sportives, associatives et de participer à des sorties détentes… Mais surtout de faire des recherches personnelles en fréquentant les bibliothèques et en surfant sur internet.

Donnez une Bonne Place au Repos et à la Détente

Votre cerveau étant votre outil le plus important dans votre vie d'élève, il est impératif que vous veillez à sa bonne santé.

Pour cela ménagez-vous assez de temps pour bien vous reposer en dormant suffisamment au moins huit heures par jour.

Pour l'élève qui a suivi une certaine discipline depuis le début de l'année scolaire, il n'a pas besoin à l'approche des examens de faire usage d'excitants pour arriver à veiller toutes les nuits afin d'étudier jusqu'au petit matin.

Apprenez à rester souvent seul et à aller dans la nature, à la plage ou en campagne, pour respirer l'air frais et bien oxygéner votre cerveau tout en vous décompressant.

Quelle place pour les Congés dans Votre Emploi du Temps Personnel

L'arrêt des activités scolaires pendant les congés vous laisse assez de temps libre que vous devez utiliser pour réadapter votre emploi du temps personnel en attendant que les cours ne reprennent.

Il n'est pas question pour vous, parce que ce sont les congés, de ne pas respecter votre emploi du temps et arrêter d'étudier.

Leçon 6

SOYEZ UN ÉLEVE DISCIPLINÉ

« La réussite c'est d'aller d'échec en échec»
Winston Churchill

Un élève discipliné, c'est l'élève qui en plus de sa bonne organisation personnelle associe une manière d'être en classe ou en dehors de la classe qui favorise ses études et son succès.

Soyez Discipliné Avant Chaque Cour

Vous devez savoir le sujet au programme du jour et si possible en prendre connaissance à travers vos livres si c'est une nouvelle leçon.

Pour une ancienne leçon, vous devez réviser le sujet en question afin d'éviter la surprise des interrogations et autres devoirs.

Soyez Discipliné Pendant les cours

Vous devez écouter beaucoup et ne pas tomber dans le piège des bavardages inutiles en classe.

Pendant un cour, l'enseignant fait ressortir un certain nombre d'astuces que vous devez noter dans votre carnet de note.

Certains élèves pourront également dire certaines informations que vous devez aussi écouter et noter.

Soyez Discipliné Après Chaque Cour

Vous devez automatiquement consulter votre emploi du temps personnel et voir ce qu'il y a à étudier.

Le soir, il vous faut revoir les cours de la journée et faire une révision préliminaire.

Si chaque jour vous suivez sincèrement cette discipline personnelle, il est certain que vous ne manquerez pas de réussir.

La Touche Magique Pour Retenir Facilement les Leçons

Pendant vos heures d'études personnelles et vos révisions, lisez et relisez plusieurs fois vos leçons, faites et refaites vos exercices plusieurs fois.

Il est vrai que chaque matière est spécifique, mais le plus important, souvenez-vous et ne l'oubliez jamais: la répétition des connaissances est le secret qui va fixer à jamais vos leçons dans votre mémoire.

Retenez aussi que ce qu'on étudie le soir avant de se coucher reste plus facilement en vous et notez qu'on ne retient mieux qu'en étant calme et détendu.

Leçon 7

PREPAREZ BIEN VOS EXAMENS

« Croyez en votre victoire et vous vaincrez. » Dale Carnegie

Pour l'élève qui sait pourquoi il va à l'école et qui dès la rentrée a pris la bonne décision d'être parmi les meilleurs, qui a à sa disposition toutes ses fournitures, qui a établi son emploi du temps personnel qu'il respecte scrupuleusement notant tout dans un carnet de note, et qui est discipliné en classe, il n'y a plus grand-chose à faire pour réussir ses études, examens ou pas.

Un Examen se prépare dès la Rentrée

Compte tenu de ce que nous venons de rappeler plus haut, vous constatez que tout examen se prépare dès la rentrée.

A tel enseigne que si vous respectez cela, arrivée à l'approche des examens vous n'aurez plus un grand effort à faire pour réviser.

Spécialement en classe d'examen, il vous est demandé un peu plus de discipline dans votre organisation personnelle et beaucoup plus de sacrifices dans votre emploi du temps personnel au détriment de vos heures de loisirs et autres activités en dehors des études.

Sachez que ces sacrifices ne resteront pas vains et vous rapporteront beaucoup de bénéfices en fin d'années.

Faites un Programme de Révision

Au moins deux mois avant la date d'examen, vous devez faire un programme daté de vos révisions en réaménageant votre emploi du temps personnel à cet effet.

Vous devez donner la priorité au début de votre révision aux sujets de matières que vous trouvez difficiles et terminer par ceux que vous comprenez mieux.

Simulez des Examens Blancs Personnels chez Vous

Pendant votre période de révision vous pouvez organiser vous-même, seul ou en petit groupe, des examens blancs personnels où vous choisissez vous-même les sujets.

Et surtout composez comme si vous étiez à l'examen en respectant les temps impartis et en faisant vous-même la correction.

Ces examens blancs ont le grand avantage de vous préparer moralement en vous habituant à l'ambiance particulière des examens.

Une Petite Technique Contre le Stress aux Examens

Pour atténuer le stress en salle d'examen qui peuvent causer des trous de mémoire, utilisez la technique très efficace de la respiration consciente.

Comme son nom l'indique, il vous suffit de respirer consciemment en concentrant votre attention sur l'air qui entre et sort de vos poumons.

Cette technique respiratoire a l'avantage d'oxygéner votre cerveau le rendant plus lucide et plus efficace.

Un Mot sur la Tricherie

Quand vous savez vraiment pourquoi vous allez à l'école vous n'avez pas besoin de tricher. Le tricheur d'aujourd'hui, c'est le diplômé de demain qui ne connaîtra pas de bonheur dans sa vie de travail.

En vérité, l'élève qui est discipliné n'a pas besoin de tricher puisqu'il connaît ses leçons et veut le prouver ne serait-ce qu'à lui-même.

Quand on a décidé d'être meilleur, on n'a plus le droit de tricher et on fait le meilleur pour travailler et prouver sa vraie valeur.

Halte à la tricherie et place au travail, il y va de votre réussite professionnelle future et de votre réussite même dans la vie.

Un Résultat d'Examen n'est pas la Fin du Monde

Tout échec est un tremplin pour de futurs succès. L'élève qui le sait ne perd pas son temps à pleurnicher sur son sort et tire les leçons pour les batailles avenirs, enrichi des expériences de l'année écoulée.

L'échec est un passage obligé pour celui qui veut être meilleur. Car grâce à ces échecs, il est apte à maîtriser tous les contours de ce qu'il est en train d'apprendre.

Le plus important donc ce n'est pas de réussir à tous les prix maintenant, mais de persévérer pour réussir aujourd'hui ou demain et être meilleur.

COMMENT DEVENIR 1ᵉʳ EN 27 POINTS

« Visez la lune vous tomberez quelque part dans les étoiles » Proverbes populaires

1. Sachez pourquoi vous allez à l'École : posez-vous les questions : que deviendrais-je à court, moyen et long terme en allant à l'école ?

2. Cessez dès maintenant d'aller à l'école pour plaire à quiconque

3. Décidez d'Être parmi les Meilleurs de l'école

4. Ayez tous vos outils de travail au Complet

5. Achetez vos outils de travail tôt dès la rentrée

6. Prenez Grand Soin de Votre Matériel de Travail

7. Ayez un Carnet de Note

8. Faites Votre Emploi du Temps Personnel adapté à l'emploi du temps officiel

9. Sachez Gérer Votre Temps : mettez la priorité sur vos études et les pauses

10. Respectez Scrupuleusement Votre emploi du Temps Personnel

11. Mettez à Profit Vos Temps de Loisirs pour vous détendre

12. Faites une Bonne Place au Repos et à la Détente

13. Apprenez à rester souvent seul dans la nature

14. Restez actif et studieux pendant les congés

15. Soyez un Élève Discipliné en classe

16. Avant Chaque Cour Vous devez savoir le sujet au programme du jour

17. Pendant les cours Vous devez beaucoup écouter et noter les astuces

18. Après Chaque Cour consulter automatiquement votre emploi du temps

19. Le soir, il vous faut revoir les cours de la journée

20. Lisez et relisez plusieurs fois vos leçons

21. Préparez Bien Vos Examens

22. Sachez qu'un Examen se prépare dès la Rentrée

23. Faites un Programme de Révision très tôt

24. Simulez des Examens Blancs Personnels régulièrement

25. Utilisez la technique très efficace de la respiration consciente pendant les examens

26. Evitez la Tricherie à l'école

27. Un Résultat d'Examen n'est pas la Fin du Monde

MOT DE LA FIN

Pressez-vous de mettre en pratique ces clés, fruits de l'expérience des uns et des autres, et vous connaîtrez la joie de la réussite à l'école.

Et comme l'école n'est qu'un tremplin sur le chemin de votre avenir, vous aurez préparez le terrain pour vos futurs réussites dans la vie.

Tous nos vœux de succès !!!

MODELE D'EMPLOI DU TEMPS PERSONNEL

HEURES	LUNDI	MARDI	MERCREDI	JEUDI	VENDREDI	SAMEDI	DIMANCHE
7 - 8	A	A	A	A	A	A	A
8 - 9	B	B	B	B	B	B	B
9 - 10	C	C	C	C	C	C	C
10 - 11	D	D	D	D	D	D	D
11 - 12	E	E	E	E	E	E	E
12 - 13	PAUSE	PAUSE	PAUSE	PAUSE	PAUSE	PAUSE	PAUSE
13 - 14	PAUSE	PAUSE	PAUSE	PAUSE	PAUSE	PAUSE	PAUSE
14 - 15	PAUSE	PAUSE	PAUSE	PAUSE	PAUSE	PAUSE	PAUSE
16 - 17	F	F	F	F	F	F	F
17 - 18	G	G	G	G	G	G	G
18 - 19	PAUSE	PAUSE	PAUSE	PAUSE	PAUSE	PAUSE	PAUSE
19 - 20	PAUSE	PAUSE	PAUSE	PAUSE	PAUSE	PAUSE	PAUSE
20 - 21	A	A	A	A	A	A	A
21 - 22	B	B	B	B	B	B	B
22 - 23	PAUSE	PAUSE	PAUSE	PAUSE	PAUSE	PAUSE	PAUSE
23 - 24	PAUSE	PAUSE	PAUSE	PAUSE	PAUSE	PAUSE	PAUSE

1. Lettres en noir : matières du programme officiel
2. Lettres en rouge : programme personnel à établir soi-même
3. Vous pouvez utiliser les pauses pour d'autres matières ou activités.

9584341R00027

Printed in Germany
by Amazon Distribution
GmbH, Leipzig